Tous ensemble 3

Vokabellernheft

Ernst Klett Verlag
Stuttgart Leipzig

1. Auflage 1 7 6 5 4 3 | 2022 21 20 19 18

Alle Drucke dieser Auflage können im Unterricht nebeneinander benutzt werden, sie sind untereinander unverändert.
Die letzte Zahl bezeichnet das Jahr dieses Druckes.

Internetadresse: www.klett.de

Autorin: Alice Neurohr, Limoges
Redaktion: Heike Brichzin
Mediengestaltung: Birgit Gaab
Umschlagfoto: Ilka Kramer, Lausanne
Zeichnungen: Beate Bittner, Berlin, Gilles Bonotaux, Paris, Christian Dekelver, Weinstadt, Klett-Archiv, Katja Rau, Berglen, Inge Voets, Berlin, Martina Vollhardt, Kamenz, Steffen Wolf, Brohl-Lützing
Satz: Fotosatz Kaufmann, Stuttgart
Repro: Meyle + Müller, Medien-Management, Pforzheim
Druck: AZ Druck und Datentechnik GmbH, Kempten/Allgäu

Printed in Germany
ISBN 978-3-12-623624-9

9 783126 236249

Vokabeln lernen mit dem Vokabellernheft

Dieses Vokabellernheft im Taschenformat soll dich begleiten und dir dabei helfen, den Lernwortschatz von *Tous ensemble 3* zu wiederholen. Du kannst dich somit in allen Pausen des Alltags „nebenbei" auch auf Vokabeltests vorbereiten.
Am besten hast du beim Lernen immer einen Stift zur Hand. So kannst du Wörter markieren, die du schwierig oder „seltsam" findest.
Am Ende einer *Leçon* gibt es häufig einen Teil mit Aufgaben auch zum Hineinschreiben. Hier geht es darum, das Gelernte selbst zu ordnen und zu wiederholen. So kannst du die Wörter sicherlich besser behalten.
Viele finden solche Wörtchen wie *ensuite, enfin* oder *puis* besonders schwierig. Deshalb wirst du immer mal wieder aufgefordert, diese „verflixten kleinen Wörter" aufzuschreiben, d. h. dich mit ihnen zu beschäftigen.
Manche Wörter kann man sich eben leichter merken, manche schwerer. Das ist ganz normal. Am Ende einiger *Leçons* wirst du gefragt, welche Wörter dir immer wieder Schwierigkeiten machen, sei es beim Behalten oder beim Aussprechen. Schreibe sie auf und wiederhole sie in regelmäßigen Abständen. So kannst du die besonders Widerspenstigen in den Griff bekommen. Notiere auch, welche Wörter du „komisch" oder „interessant" findest!

Bon courage!

Dein *Tous ensemble*-Team

1 Leçon

Tipp:
Schreibe Wörter, die du schwierig findest oder die du dir nicht merken kannst, auf Notizzettel und klebe sie irgendwo hin, wo du sie immer wieder siehst, z. B. an deine Zimmertür.

Au-delà des frontières

au-delà des frontières [od(ə)ladefʀɔ̃tjɛʀ]	jenseits der Grenzen
un **parcours** [ɛ̃paʀkuʀ]	eine Strecke; eine Runde; *hier:* ein Rundgang
C'était comment tes vacances?	Wie waren deine Ferien?
dans quel pays [dɑ̃kɛlpei]	in welchem Land
un **pays** [ɛ̃pei]	ein Land
Le lac Léman se trouve en Suisse.	Der Genfer See ist/liegt in der Schweiz.
un **chanteur**/une **chanteuse** [ɛ̃ʃɑ̃tœʀ/ynʃɑ̃tøz]	ein Sänger/eine Sängerin
belge/belge [bɛlʒ/bɛlʒ]	belgisch
suisse/suisse [sɥis/sɥis]	schweizerisch

Approche

entre potes [ɑ̃tʀpɔt]	unter Freunden
un/une **pote** *(fam.)* [ɛ̃pɔt]	ein Freund; ein Kumpel *(ugs.)*
le **meilleur ami**/ la **meilleure amie** [ləmɛjœʀami/lamɛjœʀami]	der beste Freund/die beste Freundin
un **club** [ɛ̃klœb]	ein Klub; ein Verein
bon/bonne [bɔ̃/bɔn]	gut
faire la fête [fɛʀlafɛt]	feiern
discuter [diskyte]	sich unterhalten; diskutieren
la confiance [lakɔ̃fjɑ̃s]	das Vertrauen
Les amis sont plus proches que les copains.	Die «amis» stehen einem näher als die «copains».
un **réseau social**/ des **réseaux sociaux** [ɛ̃ʀezosɔsjal/deʀezososjo]	ein soziales Netzwerk/ soziale Netzwerke

une **soirée** [ynswaʀe]	ein Abend *(im Verlauf)*
Qu'est-ce que vous en pensez?	Was denkt ihr darüber?; Was ist eure Meinung dazu?

Atelier

amoureux/amoureuse [amuʀø/amuʀøz]	verliebt
content/contente [kɔ̃tɑ̃/kɔ̃tɑ̃t]	zufrieden; glücklich
seul/seule [sœl/sœl]	allein
un **coin** [ɛ̃kwɛ̃]	eine Ecke
jaloux/jalouse (de) [ʒalu/ʒaluz]	eifersüchtig (auf)
Regarde comme …	Schau mal, wie …
agressif/agressive [agʀesif/agʀesiv]	aggressiv
Il se dispute avec les autres.	Er streitet sich mit den anderen.
fatigué/fatiguée [fatige/fatige]	müde
le **métro** [ləmetʀo]	die Metro; die U-Bahn
courageux/courageuse [kuʀaʒø/kuʀaʒøz]	mutig
Tu peux me faire confiance.	Du kannst mir vertrauen.
à la sortie du collège [alasɔʀtidykɔlɛʒ]	am Ende des Unterrichts; nach der Schule
Elle leur a fait une mauvaise surprise.	Sie hat ihnen eine böse Überraschung bereitet.
Elle leur a donné une interro.	Sie hat sie eine Klassenarbeit schreiben lassen.
C'était hyper difficile.	Das war super schwer.
avoir de la chance (de) [avwaʀdəlaʃɑ̃s]	Glück haben (zu)
malade [malad]	krank
toi [twa]	du *(betont)*
Ça a marché? [saamaʀʃe]	Hat's geklappt? *(ugs.)*
ce soir [səswaʀ]	heute Abend

1 Leçon

A demain! [adəmɛ̃]	Bis morgen!
trouver que [tʀuvekə]	finden, dass
en ce moment [ɑ̃səmɔmɑ̃]	zurzeit
Ah, bon? [abõ]	Ach ja?; Wirklich?
Je n'ai rien remarqué.	Ich habe nichts bemerkt.
ne … rien [nə…ʀjɛ̃]	nichts
remarquer [ʀəmaʀke]	bemerken
Si. [si]	Doch.
Il a changé. [ilaʃɑ̃ʒe]	Er hat sich verändert.
changer [ʃɑ̃ʒe]	ändern; (sich) verändern
Il faut lui demander.	Wir müssen ihn fragen.
ne … pas encore [nə … pazɑ̃kɔʀ]	noch nicht
Arrête! [aʀɛt]	Jetzt hör aber auf!
Laisse-moi! [lɛsmwa]	Lass mich (in Ruhe)!
Qu'est-ce qui ne va pas?	Was ist los (mit dir)?
Tu ne rigoles plus comme avant.	Du bist nicht mehr so lustig wie früher.
ne … plus [nə … ply]	nicht mehr
Tu es fâché contre nous?	Bist du sauer auf uns?
recevoir [ʀəsəvwaʀ]	bekommen; erhalten

→ | je reçois, tu reçois, il/elle/on reçoit, nous **recevons**, vous **recevez**, ils/elles **reçoivent** | j'ai **reçu** |

anonyme/anonyme [anɔnim/anɔnim]	anonym
une **insulte** [ynɛ̃sylt]	eine Beleidigung
Quelles insultes? [kɛlzɛ̃sylt]	Was für Beleidigungen?
effacer [efase]	löschen
Il faut les garder.	Du musst sie aufbewahren/aufheben.
garder [gaʀde]	behalten; aufbewahren
un **avis** [ɛ̃navi]	eine Meinung; eine Ansicht
Aucune idée. [okynide]	Keine Ahnung.
On en parle à …?	Sprechen wir mit … darüber?

parler [paʀle]	sprechen
C'est grave. [sɛgʀav]	Das ist schlimm.
Il faut réagir. [ilfoʀeaʒiʀ]	Wir müssen reagieren.
être en colère [ɛtʀɑ̃kɔlɛʀ]	wütend sein
une **discussion** [yndiskysjɔ̃]	ein Gespräch
ignorer [iɲɔʀe]	ignorieren; unbeachtet lassen
un **message** [ɛ̃mɛsaʒ]	eine Mitteilung; eine Nachricht
C'est dingue! *(fam.)* [sɛdɛ̃g]	Das ist unglaublich/verrückt. *(ugs.)*
Il faut trouver qui c'est.	Wir müssen herausfinden, wer das ist.
Il faut le dire à ...	Wir müssen es ... sagen.
dire [diʀ]	sagen

→

je **dis**, tu **dis**, il/elle/on **dit**, nous **disons**, vous **dites**, ils/elles **disent**	j'ai **dit**

impossible [ɛ̃pɔsibl]	unmöglich
changer de numéro [ʃɑ̃ʒedənymeʀo]	die Telefonnummer ändern
Pas question. [pakɛstjɔ̃]	Das kommt nicht in Frage.
C'est du harcèlement. [sɛdyaʀsɛlmɑ̃]	Das ist Mobbing.
lâche [laʃ]	feige
un **tutu** [ɛ̃tyty]	ein Tutu; ein Ballettröckchen
Très marrant! [tʀɛmaʀɑ̃]	Sehr witzig! *(ironisch)*
une **star** [ynstaʀ]	ein Star
un **frimeur**/une **frimeuse** *(fam.)* [ɛ̃fʀimœʀ/ynfʀimøz]	ein Angeber/eine Angeberin *(ugs.)*
Qu'est-ce que vous avez contre lui?	Was habt ihr gegen ihn?
comprendre [kɔ̃pʀɑ̃dʀ]	verstehen

→

je **comprends**, tu **comprends**, il/elle/on **comprend**, nous **comprenons**, vous **comprenez**, ils/elles **comprennent**	j'ai **compris**

On lui envoie un texto.	Wir schicken ihm eine SMS.
envoyer qc à qn [ɑ̃vwaje]	jdm. etw. schicken

→ j'**envoie**, tu **envoies**, il/elle/on **envoie**, **envoyons**, vous **envoyez**, ils/elles **envoient** | j'ai **envoyé**

un **texto** [ɛ̃tɛksto]	eine SMS
Ça ne te regarde pas.	Das geht dich nichts an.
Je commence à comprendre.	Ich verstehe langsam.; Ich fange an zu verstehen.
cette fois [setfwa]	dieses Mal; einmal
tout [tu]	alles
clair/claire [klɛʀ/klɛʀ]	klar
Excuse-moi./Excusez-moi. [ɛkskyzmwa/ɛkskyzemwa]	Entschuldigung.
Quel frimeur! *(fam.)* [kɛlfʀimœʀ]	So ein Angeber! *(ugs.)*
Tu as mal compris. [tyamalkɔ̃pʀi]	Du hast das falsch verstanden.; So war das nicht gemeint.
Je n'ai pas fait exprès.	Das war keine Absicht.
une **partie** [ynpaʀti]	eine Partie; ein Spiel
le **retard** [ləʀətaʀ]	die Verspätung
Qu'est-ce que ça veut dire? [kɛskəsavødiʀ]	Was heißt/bedeutet das?
un **dictionnaire** [ɛ̃diksjɔnɛʀ]	ein Wörterbuch
un **poème** [ɛ̃pɔɛm]	ein Gedicht
l'**amitié** *(f.)* [lamitje]	die Freundschaft

1 Welche Wörter verstecken sich hinter den Buchstabensalaten?

oterfrèni — une frontière

egble — belge

ctehausen — une chanteuse

cavacsen — les vacances

ypas — un pays

acorrups — un pacours

sisues — suisse

2 Beantworte die Fragen. Gib das richtige Land an.

a) Où se trouve le lac Léman?

Suisse

b) Où se trouve Paris?

France

c) D'où vient le chanteur Stromae?

Belgique

d) Quels pays ont des frontières avec l'Allemagne?

Fance, Suisse, Belgique

Tipp:
Wiederhole die gelernten Vokabeln von Zeit zu Zeit,
so bleiben sie besser in deinem Gedächtnis haften.

1 Was fällt dir zum Thema *les copains* ein?

les copains

a) shopping
b) discuter
c) de la confiance
d) regarder un film
e) l'amitié (f.)
f) parler

2 Übersetze folgende Sätze.

Deutsch	Französisch
Was denkt ihr dazu?	Qu'est-ce que vous en pensez?
Ich habe nichts gemerkt	Je n'ai rien remarqué.
Schau mal, wie…	Regarde comme
Bis morgen!	A demain
Hat es geklappt?	Ça a marché?
Was ist los?	Qu'est-ce qui ne va pas
Du kannst mir vertrauen	Tu peux me faire confiance.
Lass mich (in Ruhe)!	Laisse-moi

3 Notiere die Pluralformen der Wörter.

un club: un club

un réseau social: ein soziales Netzwerk

une soirée: ein Abend

un texto: ein Nachricht

un retard: eine Verspätung

un meilleur ami: der beste Freund

4 Finde die passenden Verben.

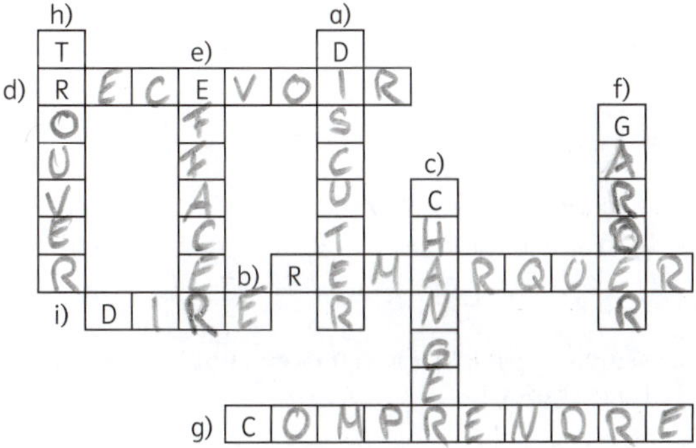

a) sich unterhalten: discuter

b) bemerken: remarquer

c) sich verändern: changer

d) bekommen; erhalten: recevoir

e) löschen: effacer

f) behalten; aufbewahren: garder

g) verstehen: comprendre

h) finden, dass: trouver

i) sagen: Dire

5 Kreuze die richtigen Antworten an.

a) Du findest etwas schlimm.
☒ C'est grave. ☐ C'était hyper difficile.

b) Du möchtest in Ruhe gelassen werden.
☐ C'est dingue! ☒ Arrête!

c) Du bist über etwas erstaunt.
☒ Ah bon? ☐ Tu es fâché contre nous?

d) Du fragst nach der Bedeutung von etwas.
☐ Qu'est-ce que vous avez contre lui?
☒ Qu'est-ce que ça veut dire?

e) Du entschuldigst dich für etwas.
☒ Excuse-moi. ☐ Aucune idée.

f) Du lehnst etwas total ab.
☒ Pas question. ☐ Je n'ai pas fait exprès.

g) Du sagst, dass etwas Mobbing ist.
☐ Ça ne te regarde pas. ☒ C'est du harcèlement.

6 Welche Adjektive verstecken sich hinter den Buchstaben?

nanemsyo	Il reçoit des insultes anonymes
xureucoga / helcâ	Ce n'est pas courageux, c'est même très lâche
somsilipbe	Impossible, il faut lui demander.
rafegsis	Il est très agresif en ce moment.
bsno	Les bons amis sont plus proches que les copains.
lairc	Cette fois, tout est clair

7 Finde das Wort. Lies die Definitionen und trage die Wörter in die Kästchen ein.

a)	1 P	O	È	M	E					
b)	R	E	T	A	3 R	D				
c)	A	M	I	4 T	I	É				
d)	2 A	V	I	S						
e)	D	5 I	S	C	U	S	S	I	O	N
f)	C	O	N	F	I	A	N	C	6 E	

a) Text in Reimform: un poème

b) Verspätung: un retard

c) Zwischen zwei Freunden: l' amitié

d) Was man über eine Sache denkt: un avis

e) Wenn man über eine Sache redet: une discussion

f) Gefühl, das man unter Freunden hat: la confiance

Lösungswort:

1	2	3	4	5	6
P	A	R	T	I	E

8 Notiere mindestens vier Wörter aus dem Lektionsvokabular, die du vom Deutschen ableiten kannst.

un dictionnaire, une partie,
un texto, une star, un tutu,
un messager, ignorer

Tipp:
Notiere Substantive immer mit Artikel und markiere die weiblichen Artikel rot und die männlichen Artikel blau.

Approche

prêt/prête [pʀɛ/pʀɛt]	bereit; fertig
une **marmotte** [ynmaʀmɔt]	ein Murmeltier
un **vautour** [ɛ̃votuʀ]	ein Geier
un **ours** [ɛ̃nuʀs]	ein Bär
un **loup** [ɛ̃lu]	ein Wolf
une **randonnée** [ynʀɑ̃dɔne]	eine Tour
le **parapente** [ləpaʀapɑ̃t]	Gleitschirmfliegen
le **ski** [ləski]	Skifahren; der Ski
le **scooter des neiges** [ləskutœʀdenɛʒ]	Schneescooterfahren; der Schneescooter
une **cascade** [ynkaskad]	ein Wasserfall
la **glace** [laglas]	das Eis
protéger [pʀɔteʒe]	schützen

→ je **protège**, tu **protèges**, il/elle/on **protège**, nous **protégeons**, vous **protégez**, ils/elles **protègent** | j'ai **protégé**

la **nature** [lanatyʀ]	die Natur
j'aimerais (faire qc) [ʒɛmʀɛ]	ich würde gern (etw. tun)
découvrir [dekuvʀiʀ]	entdecken

→ je **découvre**, tu **découvres**, il/elle/on **découvre**, nous **découvrons**, vous **découvrez**, ils/elles **découvrent** | j'ai **découvert**

Je préfère aller à … [ʒəpʀefɛʀalea]	Ich gehe lieber zu/nach/in …

Atelier

le **circuit** [ləsiʀkɥi]	die Strecke
le **(moto)cross** [lə(moto)kʀɔs]	Motocross
un/une **pilote** [ɛ̃/ynpilɔt]	ein Pilot/eine Pilotin; *hier:* ein Motocrossfahrer/eine Motocrossfahrerin

pousser [puse]	schieben
une **moto** [ynmoto]	ein Motorrad
la **piste** [lapist]	die Piste; die Bahn
essayer de faire qc [eseje]	versuchen, etw. zu tun
démarrer [demaʀe]	starten
facile/facile [fasil/fasil]	leicht
freiner [fʀene]	bremsen
le **pied** [ləpje]	der Fuß
droit/droite [dʀwa/dʀwat]	rechts
toucher [tuʃe]	berühren
le **sol** [ləsɔl]	der Boden
un **virage** [ɛ̃viʀaʒ]	eine Kurve
sauter [sote]	springen
une **bosse** [ynbɔs]	ein Buckel
près de [pʀɛdə]	nahe bei; neben
l'**arrivée** *(f.)* [laʀive]	die Ankunft
accélérer [akseleʀe]	beschleunigen
enlever [ɑ̃l(ə)ve]	ausziehen; abnehmen
Quelle aventure! [kɛlavɑ̃tyʀ]	Was für ein Abenteuer!
une **aventure** [ynavɑ̃tyʀ]	ein Abenteuer
le **premier**/la **première** [ləpʀəmje/lapʀəmjɛʀ]	der erste/die erste/das erste
un **stage** [ɛ̃staʒ]	*hier:* ein Kurs
un **mètre** [ɛ̃mɛtʀ]	ein Meter
rouler [ʀule]	fahren
vite *(adv.)* [vit]	schnell *(Adv.)*
Tu as vu les motos?	Hast du die Motorräder gesehen?
terminer [tɛʀmine]	beenden
Elles racontent qu'elles ont commencé le motocross à 8 ans.	Sie erzählen, dass sie mit 8 mit dem Motocross angefangen haben.
à 8 ans [aɥitɑ̃]	mit 8 (Jahren); im Alter von 8 Jahren
une **compétition** [ynkɔ̃petisjɔ̃]	ein Wettkampf
être fasciné(e) [ɛtʀfasine]	fasziniert sein; fesseln

autre/autre [otʀ/otʀ]	anderer/andere/anderes
un/une **stagiaire** [ɛ̃/ynstaʒjɛʀ]	ein Kursteilnehmer/ eine Kursteilnehmerin
C'est à vous. [sɛtavu]	Ihr seid dran.
un **jeune**/une **jeune** [ɛ̃ʒœn/ynʒœn]	ein Jugendlicher/ eine Jugendliche
aller chercher [aleʃɛʀʃe]	holen
le **démarrage** [lədemaʀaʒ]	das Starten; *hier:* der Startversuch
avec eux [avɛkø]	mit ihnen
le départ [lədepaʀ]	der Start
monter sur [mɔ̃tesyʀ]	steigen auf
arriver à (faire) [aʀive]	es schaffen, zu (tun)
Ça commence bien! [sakɔmɑ̃sbjɛ̃]	Das fängt ja gut an!
la **concentration** [lakɔ̃sɑ̃tʀasjɔ̃]	die Konzentration
plus vite [plyvit]	schneller
il/elle voit	er/sie sieht
Que faire? [kəfɛʀ]	Was tun?
l'équilibre *(m.)* [lekilibʀ]	das Gleichgewicht
sans problème [sɑ̃pʀɔblɛm]	ohne Probleme
faire une chute [fɛʀynʃyt]	stürzen
une **chute** [ynʃyt]	ein Fall; ein Sturz
rien de grave [ʀjɛ̃dəgʀav]	nichts Schlimmes
Tout s'est bien passé.	Alles ist gut gegangen.
devoir (faire) [dəvwaʀ]	(tun) müssen

→

je **dois**, tu **dois**, il/elle/on **doit**, nous **devons**, vous **devez**, ils/elles **doivent**	j'ai **dû**

quand [kɑ̃]	als *(zeitlich)*
bêtement [bɛtmɑ̃]	dummerweise
perdre [pɛʀdʀ]	verlieren

→

je **perds**, tu **perds**, il/elle/on **perd**, nous **perdons**, vous **perdez**, ils/elles **perdent**	j'ai **perdu**

il lui demande [ilɥidəmɑ̃d]	er fragt ihn/sie

Qu'est-ce qui s'est passé? [kɛskisɛpase]	Was ist passiert?
faire attention [fɛʀatɑ̃sjɔ̃]	aufpassen; Acht geben
marcher [maʀʃe]	gehen; laufen
le **bras** [ləbʀa]	der Arm
l'**épaule** *(f.)* [lepol]	die Schulter
avoir mal (à/au) [avwaʀmal]	Schmerzen haben (in/an)
un **hôpital/des hôpitaux** [ɛ̃nɔpital/dezɔpito]	ein Krankenhaus/ Krankenhäuser
plus (de) [plydə]	mehr als
un **infirmier**/une **infirmière** [ɛ̃nɛ̃fiʀmje/ynɛ̃fiʀmjɛʀ]	ein Krankenpfleger/eine Krankenschwester
Elle s'occupe d'Antoine.	Sie kümmert sich um Antoine.
passer une radio [paseynʀadjo]	sich röntgen lassen
un **résultat** [ɛ̃ʀezylta]	ein Ergebnis
cassé/cassée [kase]	gebrochen
un **médecin/une médecin** [ɛ̃medsɛ̃/ynmedsɛ̃]	ein Arzt/eine Ärztin
un **plâtre** [ɛ̃platʀ]	ein Gips; ein Gipsverband
la nuit [lanɥi]	die Nacht
C'est trop bête comme accident.	So ein blöder Unfall.
un **accident** [ɛ̃naksidɑ̃]	ein Unfall
manquer [mɑ̃ke]	verpassen; versäumen
Qu'est-ce qu'il te faut?	Was brauchst du?
un **pyjama** [ɛ̃piʒama]	ein Schlafanzug
une **trousse de toilette** [yntʀusdətwalɛt]	ein Kulturbeutel
un **poster** [ɛ̃pɔstɛʀ]	ein Poster
signer [siɲe]	unterschreiben
même [mɛm]	sogar
jusqu'à [ʒyska]	bis
une béquille [ynbekij]	eine Krücke
pour voir la compétition [puʀvwaʀ]	um den Wettbewerb anzuschauen

Comment ça va? [kɔmɑ̃sava]	Wie geht's?
Comment ça s'est passé? [kɔmɑ̃sasɛpase]	Wie ist das passiert?
Je sais. [ʒəsɛ]	Ich weiß (es).
la **tête** [latɛt]	der Kopf
prendre un rendez-vous	einen Termin vereinbaren
un **sommet** [ɛ̃sɔmɛ]	ein Gipfel
l'**altitude** *(f.)* [laltityd]	die Höhe
Je n'ai pas de casque.	Ich habe keinen Helm.
gauche/gauche [goʃ]	linker/linke/linkes
Qu'est-ce qui ne va pas?	*hier:* Was kann ich für Sie/dich tun?
un **comprimé** [ynkɔ̃pʀime]	eine Tablette
par jour [paʀʒuʀ]	pro Tag
une **ordonnance** [ynɔʀdɔnɑ̃s]	ein Rezept *(vom Arzt)*
une **pharmacie** [ynfaʀmasi]	eine Apotheke
un **médicament** [ɛ̃medikamɑ̃]	ein Medikament; ein Arzneimittel

1 Ergänze den richtigen Artikel.

.... ours .... marmotte .... cochon d'Inde

.... cheval .... vautour .... loup

.... chat .... chien .... souris

2 *Qu'est-ce que c'est?* Finde die entsprechenden französischen Begriffe. Notiere die Wörter mit *le*, *la* oder *l'*.

a) .... b) ....

c) .... d) ....

3 Welches Wort tanzt aus der Reihe? Markiere es.

a) une cascade – la glace – la nature – le parapente
b) le ski – un ours – protéger – le scooter des neiges
c) enlever – facile – prêt – vite
d) démarrer – freiner – sauter – découvrir

4 Wie lautet das Gegenteil?

freiner ≠ ....

l'arrivée ≠ ....

difficile ≠ ....

loin de ≠ ....

commencer ≠ ....

le jour ≠ ....

droit(e) ≠ ....

5 Männlich / Weiblich

a) Vervollständige die Tabelle mit der fehlenden männlichen beziehungsweise weiblichen Form des Nomens.

♀	♂
	un pilote
	le premier
une médecin	
	un jeune
une infirmière	

b) Welche Wörter haben unterschiedliche weibliche und männliche Formen?

1. .... / ....

2. .... / ....

6 Kreuze die richtigen Antworten an.

a) Du fragst jemanden, was er braucht.
- ☐ Qu'est-ce qui s'est passé? ☐ Qu'est-ce qu'il te faut?

b) Du findest, dass dies ein blöder Unfall ist.
- ☐ C'est trop bête comme accident.
- ☐ Elle s'occupe d'Antoine.

c) Du fragst, wie etwas verlaufen ist.
- ☐ Comment ça va? ☐ Comment ça s'est passé?

d) Du hast keinen Helm.
- ☐ Je sais. ☐ Je n'ai pas de casque.

e) Du fragst jemanden, was nicht in Ordnung ist.
- ☐ Qu'est-ce qui ne va pas? ☐ Ça commence bien!

7 Wie heißen die Körperteile?

8 Übersetze und finde alle Verben im Gitter.

A	C	C	E	L	E	R	E	R
E	M	O	N	T	E	R	I	F
P	V	E	N	L	E	V	E	R
E	R	A	L	V	D	I	S	E
R	L	A	C	H	E	R	I	I
D	E	V	O	I	R	I	G	N
R	N	Z	A	Z	I	O	N	E
E	E	M	A	R	C	H	E	R
M	A	N	Q	U	E	R	R	S

verlieren: .... loslassen: ....

ausziehen; abnehmen: ....

laufen; gehen: .... müssen: ....

verpassen; versäumen: ....

unterschreiben: .... bremsen: ....

beschleunigen: .... steigen (auf): ....

9 **Vervollständige die Tabelle. Vergiss nicht, anzugleichen!**

	Masculin		Féminin	
	sg	pl	sg	pl
bereit	prêt			
gebrochen			cassée	
andere/anderer		autres		

10 **Übersetze die verflixten kleinen Wörter.**

mehr als: ....

schneller: ....

dummerweise: ....

pro Tag: ....

als (zeitlich): ....

sogar: ....

bis: ....

mit ihnen: ....

Tipp:
Versucht, euch gegenseitig abzuhören. Das geht auch per Telefon, Mail oder SMS.

Approche

un **échange** [ɛ̃neʃɑ̃ʒ]	ein Austausch
l'**accueil** *(m.)* [lakœj]	der Empfang
un **jeu de piste** [ɛ̃ʒød(ə)pist]	eine Schnitzeljagd
un **tournoi** [ɛ̃tuʀnwa]	ein Turnier
une **excursion** [ynɛkskyʀsjɔ̃]	ein Ausflug
une **soirée d'adieu** [ynswaʀedadjø]	ein Abschiedsabend
le **retour** [ləʀətuʀ]	die Rückkehr; die Rückfahrt
être jumelé(e) avec [ɛtʀʒymleavɛk]	eine Städtepartnerschaft haben mit
un **séjour** [ɛ̃seʒuʀ]	ein Aufenthalt
j'aimerais voir [ʒɛmʀɛvwaʀ]	ich würde gern sehen

Atelier

partir [paʀtiʀ]	weggehen; wegfahren; abfahren

→

je **pars**, tu **pars**, il/elle/on **part**, nous **partons**, vous **partez**, ils/elles **partent**	je suis **parti(e)**

un **voyage** [ɛ̃vwajaʒ]	eine Reise
faire sa valise [fɛʀsavaliz]	seinen Koffer packen
dernier/dernière [dɛʀnje/dɛʀnjɛʀ]	letzter/letzte/letztes
à propos de [apʀɔpodə]	in Bezug auf
un **blog** [ɛ̃blɔg]	ein Blog
un **échange scolaire** [ɛ̃neʃɑ̃ʒskɔlɛʀ]	ein Schüleraustausch
un **lycée** [ɛ̃lise]	*weiterführende Schule nach dem Collège*
participer à *qc* [paʀtisipe]	an etw. teilnehmen
une **fiche** [ynfiʃ]	ein Blatt; eine Karteikarte

la vie [lavi]	das Leben
une **activité** [ynaktivite]	eine Aktivität; eine Freizeitbeschäftigung
avoir le droit de faire *qc* [avwaʀlədʀwa]	das Recht haben, etw. zu tun

Le blog de Marco

à l'étranger *(m.)* [aletʀɑ̃ʒe]	im Ausland
il est né/elle est née [ilɛne/ɛlɛne]	er/sie ist geboren
On s'entend bien. [õsɑ̃tɑ̃bjɛ̃]	Wir verstehen uns gut.
la récré *(fam.)* **(= la récréation)** [laʀekʀe(asjõ)]	die Pause *(in der Schule)* *(ugs.)*
l'**eau gazeuse** [logazøz]	Sprudel; Wasser mit Kohlensäure
être fan de [ɛtʀfandə]	Fan sein von
franco-allemand/ franco-allemande [fʀɑ̃koalmɑ̃/fʀɑ̃koalmɑ̃d]	deutsch-französisch
une **équipe** [ynekip]	eine Mannschaft; ein Team
quand [kɑ̃]	wenn
sortir (de) [sɔʀtiʀ]	ausgehen; hinausgehen (aus); hinausfahren (aus)

→

je sor**s**, tu sor**s**, il/elle/on sor**t**, nous **sortons**, vous **sortez**, ils/elles **sortent**	je suis **sorti(e)**

une **bière** [ynbjɛʀ]	ein Bier
à partir de [apaʀtiʀdə]	von … an

Le blog d'Aïcha

venir chercher [vəniʀʃɛʀʃe]	abholen (kommen)
timide [timid]	schüchtern
nul/nulle *(fam.)* [nyl/nyl]	*hier:* schlecht *(ugs.)*
On se débrouille avec des gestes.	Wir verständigen uns mit Gesten.
un **geste** [ɛ̃ʒɛst]	eine Handbewegung; eine Geste
faire la bise [fɛʀlabiz]	mit Wangenkuss begrüßen/ verabschieden *(ugs.)*

comme [kɔm]	wie *(beim Vergleich)*
passer (une journée) [pase]	(einen Tag) verbringen
un **magasin** [ɛ̃magazɛ̃]	ein Laden; ein Geschäft
On est allés voir ...	Wir haben uns ... angeschaut.
voir [vwaʀ]	sehen

→ je **vois**, tu **vois**, il/elle/on **voit**, nous **voyons**, vous **voyez**, ils/elles **voient** | j'ai **vu**

à côté de [akotedə]	neben
C'est passé trop vite. [sɛpasetʀovit]	Es ist viel zu schnell vergangen.

Le blog de Tâm

un **train** [ɛ̃tʀɛ̃]	ein Zug
gentil/gentille [ʒɑ̃ti/ʒɑ̃tij]	nett
le **petit-déjeuner** [ləpətideʒœne]	das Frühstück
la **charcuterie** [laʃaʀkytʀi]	die Wurst(waren)
un **œuf**/des **œufs** [ɛ̃nœf/dezø]	ein Ei/Eier
la **confiture** [lakɔ̃fityʀ]	die Marmelade
des **céréales** *(f.) (pl.)* [deseʀeal]	Müsli
C'est magnifique. [sɛmaɲifik]	Das ist wunderschön.; Das ist sehr schön.
Maintenant, j'ose parler.	Jetzt traue ich mich zu sprechen.
oser [oze]	sich trauen; wagen
Je me débrouille. [ʒəmədebʀuij]	Ich komme zurecht.
apprendre [apʀɑ̃dʀ]	lernen

→ j'appren**ds**, tu appren**ds**, il/elle/on appren**d**, nous appre**nons**, vous appre**nez**, ils/elles appre**nnent** | j'ai **appris**

plein de *(fam.)* [plɛ̃də]	viel/viele *(ugs.)*
nouveau/nouvel/nouvelle [nuvo/nuvɛl/nuvɛl]	neu

Peut-être que je vais revenir.	Vielleicht komme ich wieder.
revenir [ʀəvəniʀ]	zurückkommen

Le blog de Lucie

dormir [dɔʀmiʀ]	schlafen

→ je dor**s**, tu dor**s**, il/elle/on dor**t**, nous dor**mons**, vous dor**mez**,ils/elles dor**ment** | j'ai **dormi**

un **appartement** [ɛ̃napaʀtəmɑ̃]	eine Wohnung
plein de choses *(fam.)* [plɛ̃dəʃoz]	viele Sachen *(ugs.)*
long/longue [lɔ̃/lɔ̃g]	lang
en chemin [ɑ̃ʃəmɛ̃]	unterwegs
typiquement *(adv.)* [tipikmɑ̃]	typisch
entre … et … [ɑ̃tʀ … e]	zwischen … und …
un **Français**/une **Française** [ɛ̃fʀɑ̃sɛ/ynfʀɑ̃sɛz]	ein Franzose/eine Französin
un **Allemand**/une **Allemande** [ɛ̃nalmɑ̃/ynalmɑ̃d]	ein Deutscher/eine Deutsche
à côté [akote]	daneben; nebenan
un **château**/des **châteaux** [ɛ̃ʃato/deʃato]	ein Schloss/Schlösser
une **pizzeria** [ynpitseʀia]	eine Pizzeria
j'ai confondu [ʒekɔ̃fɔ̃dy]	ich habe verwechselt
une **cerise** [ynsəʀiz]	eine Kirsche
presque [pʀɛsk]	fast; beinahe
une **tour** [yntuʀ]	ein Turm
un **concert** [ɛ̃kɔ̃sɛʀ]	ein Konzert
tu sais [tysɛ]	du weißt
C'est fini. [sɛfini]	Es ist aus.
le beurre [ləbœʀ]	die Butter
un **album**/des **albums** [ɛ̃nalbɔm/dezalbɔm]	ein Album/Alben
une **salle de bains** [ynsaldəbɛ̃]	ein Badezimmer
une **douche** [ynduʃ]	eine Dusche

prendre le petit-déjeuner	frühstücken
Tu en veux encore?	Möchtest du noch etwas (davon)?
passer *qc* **à** *qn* [pase]	jdm. etw. reichen; jdm. etw. (weiter)geben

1 Schüleraustausch: Trage die Programmpunkte ein.

accueil des Allemands et des Français – jeu de piste – tournoi – soirée d'adieu – cours d'allemand – petit-déjeuner

– Programme de l'échange franco-allemand –

Matin	accueil des Allemands et des Français
Après-midi	
Soir	

2 Finde das richtige Wort.

le retour – l'activité – le blog – la fiche – le lycée – la vie – le séjour – le voyage

a) Enfin ....! On rentre à la maison.

b) Tu as fait quoi pendant ton .... chez ton corres en France?

c) Est-ce que .... en train s'est bien passé?

d) Tu écris souvent sur ton ....?

e) Dans quel .... vas-tu?

f) J'écris une ....pour le cours de français.

g) Il faut être content, ... est belle!

h) Le sport est mon .... préférée.

3 Gut oder nicht gut? Was ist deine Meinung?

	gut ☺	nicht so gut ☹
La corres est trop timide.	☐	☐
La comédie musicale est nulle.	☐	☐
J'aime ce chanteur. J'ai acheté son dernier album.	☐	☐
Ces Allemandes sont très gentilles.	☐	☐
J'ai appris plein de mots nouveaux.	☐	☐
La récré est longue.	☐	☐

4 Übersetze folgende Sätze.

Deutsch	Französisch
Wir verstehen uns gut.	
Das ist wunderschön.	
	Maintenant j'ose parler.
	Je me débrouille.
Vielleicht komme ich wieder.	
	C'est passé trop vite.
	C'est fini.

5 Die Buchstaben mit Akzent sind verschwunden. Vervollständige die Wörter mit dem richtigen Buchstaben und dem richtigen Akzent.

..... l'.....tranger	une .....quipe	la derni.....re
la r.....cr.....	dr.....le	le lyc.....e
un ch.....teau	une soir.....e	peut-.....tre
une bi.....re	un .....change	..... c.....té
.....tre jumel.....	un s.....jour	des c.....r.....ales

6 Die verflixten kleinen Wörter. Was passt zusammen?

quand	von … an
à partir de	zwischen … und …
à côté de	wie
plein de	da neben; nebenan
en tout cas	viel/viele
presque	wenn
comme	jedenfalls; auf jeden Fall
entre … et …	fast; beinahe

7 *Le petit déjeuner*? Schreibe die französischen Wörter auf.

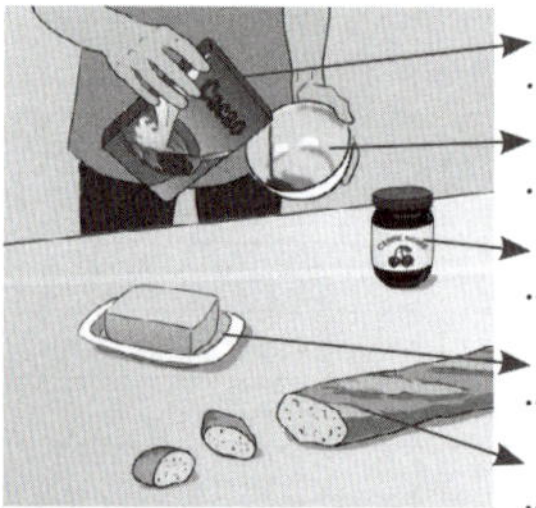

....

....

....

....

....

Welche Wörter fallen dir zum Thema *petit déjeuner* noch ein?

....

8 Welche Vokabeln …

a) … kannst du dir gut merken?

....

....

b) … bereiten dir Schwierigkeiten?

....

....

Tipp:
Überlege, wenn du unterwegs bist (z. B. beim Einkaufen), wie Dinge, die du siehst, auf Französisch heißen.

Approche

Quel boulot! *(fam.)* [kɛlbulo]	Was für eine Schufterei! *(ugs.)*
un **boulot** *(fam.)* [ɛ̃bulo]	eine Arbeit ; ein Job *(ugs.)*
un **serveur**/une **serveuse** [ɛ̃sɛʀvœʀ/ynsɛʀvøz]	ein Kellner/eine Kellnerin
un **agent d'accueil**/ une **agente d'accueil** [ɛ̃naʒɑ̃dakœj/ynaʒɑ̃tdakœj]	eine Empfangsperson
un **technicien lumière**/ une **technicienne lumière** [ɛ̃tɛknisjɛ̃lymjɛʀ/ yntɛknisjɛnlymjɛʀ]	ein Lichttechniker/ eine Lichttechnikerin
un **guide**/une **guide** [ɛ̃gid/yngid]	ein Fremdenführer/ eine Fremdenführerin; ein Reiseführer/ eine Reiseführerin
un **métier** [ɛ̃metje]	ein Beruf
un **restaurant** [ɛ̃ʀɛstoʀɑ̃]	ein Restaurant
un **palais** [ɛ̃palɛ]	ein Palast
l'**office de tourisme** *(m.)* [lɔfisdəturism]	die Touristeninformation
le **théâtre** [ləteatʀ]	das Theater
un **renseignement** [ɛ̃ʀɑ̃sɛɲmɑ̃]	eine Auskunft
un **plan de la ville** [ɛ̃plɑ̃dəlavil]	ein Stadtplan
une **adresse** [ynadʀɛs]	eine Adresse
les **horaires d'ouverture** *(m.)* *(pl.)* [lezɔʀɛʀduvɛʀtyʀ]	die Öffnungszeiten
une **chambre d'hôtel** [ynʃɑ̃bʀədotɛl]	ein Hotelzimmer

Je me renseigne. [ʒəməʀɑ̃sɛɲ]	Ich erkundige mich.
un **prospectus** [ɛ̃pʀɔspɛktys]	ein Prospekt

Atelier

le **menu du jour** [ləmənydyʒuʀ]	das Tagesmenü
complètement [kɔ̃plɛtmɑ̃]	vollständig
déménager [demenaʒe]	umziehen
ouvrir [uvʀiʀ]	öffnen; eröffnen

→ j'**ouvre**, tu **ouvres**, il/elle/on **ouvre**, nous **ouvrons**, vous **ouvrez**, ils/elles **ouvrent** | j'ai **ouvert**

le **compagnon**/la **compagne** [ləkɔ̃paɲɔ̃/lakɔ̃paɲ]	der Lebenspartner/ die Lebenspartnerin
une **entrée** [ynɑ̃tʀe]	*hier:* eine Vorspeise
comme plat principal [kɔmplapʀɛ̃sipal]	als Hauptgericht
le **poisson** [ləpwasɔ̃]	der Fisch
la **ratatouille** [laʀatatuj]	*südfranzösisches Gemüsegericht*
la **viande** [lavjɑ̃d]	das Fleisch
un **steak** [ɛ̃stɛk]	ein Steak
servir [sɛʀviʀ]	servieren

→ je **sers**, tu **sers**, il/elle/on **sert**, nous **servons**, vous **servez**, ils/elles **servent** | j'ai **servi**

les **pommes de terre au four** *(f.) (pl.)* [lepɔmdətɛʀofuʀ]	die Ofenkartoffeln
une **pomme de terre** [ynpɔmdətɛʀ]	eine Kartoffel
un **dessert** [ɛ̃desɛʀ]	ein Nachtisch
une **crème brûlée** [ynkʀɛmbʀyle]	*im Ofen gebräunte Milch-Eier-Nachspeise*
une **boule de glace** [ynbuldəglas]	eine Kugel Eis
stresser [stʀese]	nerven
un **coup de téléphone** [ɛ̃kudətelefɔn]	ein Anruf

Elle n'a personne pour le remplacer.	Sie hat keinen Ersatz für ihn.
ne … personne [nə … pɛʀsɔn]	niemand
remplacer [ʀɑ̃plase]	ersetzen
plein/pleine [plɛ̃/plɛn]	voll
l'**aide** *(f.)* [lɛd]	die Hilfe
il/elle accueille [il/ɛlakœj]	er/sie empfängt; *hier:* er/sie begrüßt
un **client**/une **cliente** [ɛ̃klijɑ̃/ynklijɑ̃t]	ein Kunde/eine Kundin
réserver [ʀesɛʀve]	reservieren
une **fenêtre** [ynfənɛtʀ]	ein Fenster
la **carte** [lakaʀt]	die Speisekarte
choisir [ʃwaziʀ]	wählen; aussuchen

→ je **choisis**, tu **choisis**, il/elle/on **choisit**, nous **choisissons**, vous **choisissez**, ils/elles **choisissent** | j'ai **choisi**

peu à peu [pøapø]	nach und nach
d'autres clients [dotʀklijɑ̃]	andere Kunden
une **terrasse** [yntеʀas]	eine Terrasse
d'ailleurs [dajœʀ]	übrigens
La table est réservée. [latablɛʀezɛʀve]	Der Tisch ist reserviert.
on voudrait [ɔ̃vudʀɛ]	wir möchten
le **plat du jour** [ləpladyʒuʀ]	das Tagesessen; das Tagesgericht
un **poulet** [ɛ̃pulɛ]	ein Huhn; ein Hühnchen
ajouter [aʒute]	hinzufügen
un **couvert** [ɛ̃kuvɛʀ]	ein Gedeck
une **solution** [ynsɔlysjɔ̃]	eine Lösung
un **cuisinier**/une **cuisinière** [ɛ̃kɥizinje/ynkɥizinjɛʀ]	ein Koch/eine Köchin
une **demi-heure** [yndəmiœʀ]	eine halbe Stunde
une **réservation** [ynʀezɛʀvasjɔ̃]	eine Reservierung
un **couple** [ɛ̃kupl]	ein Paar; ein Ehepaar

Vous avez choisi, messieurs dames?	Haben die Herrschaften gewählt?
sans [sɑ̃]	ohne
une **salade de tomates** [ynsaladətɔmat]	ein Tomatensalat
une **vinaigrette** [ynvinɛgʀɛt]	*Salatsoße mit Essig und Öl*
à la place de [alaplasdə]	anstelle von
C'est noté. [sɛnɔte]	Ich hab's notiert.
Ils commencent à s'énerver.	Sie fangen an, sich aufzuregen.
l'**addition** *(f.)* [ladisjɔ̃]	eine Rechnung *(im Restaurant)*
en même temps [ɑ̃mɛmtɑ̃]	gleichzeitig
refroidir [ʀəfʀwadiʀ]	abkühlen; kalt werden
à quel nom [akɛlnɔ̃]	auf welchen Namen
libre/libre [libʀ/libʀ]	frei
Ils/Elles ont bientôt fini. [il/ɛlzɔ̃bjɛ̃tofini]	Sie sind bald fertig.
finir [finiʀ]	beenden; aufhören mit

→ je fini**s**, tu fini**s**, il/elle/on fini**t**, nous fini**ssons**, vous fini**ssez**, ils/elles fini**ssent** — j'ai **fini**

offrir [ɔfʀiʀ]	einladen zu; schenken

→ j'**offre**, tu **offres**, il/elle/on **offre**, nous **offrons**, vous **offrez**, ils/elles **offrent** — j'ai **offert**

au bar [obaʀ]	an der Bar
passer [pase]	durchgehen
Bon appétit! [bɔnapeti]	Guten Appetit!
Elle s'excuse. [ɛlsɛkskuz]	Sie entschuldigt sich.
sauf [sof]	außer
Ça a été? [saaete]	War alles in Ordnung?
parfait/parfaite [paʀfɛ/paʀfɛt]	perfekt
Il/Elle se débrouille bien. [il/ɛlsədebʀujbjɛ̃]	Er/Sie schlägt sich gut.
Ça va lui faire plaisir.	Das wird sie/ihn freuen.

vide/vide [vid/vid]	leer
débarrasser (la table) [debaʀase]	(den Tisch) abräumen
Il/Elle a mal partout. [il/ɛlamalpaʀtu]	Ihm/Ihr tut alles weh.
un **pourboire** [ɛ̃purbwaʀ]	(ein) Trinkgeld
un **plat** [ɛ̃pla]	ein Gericht
énervé/énervée [enɛʀve/enɛʀve]	genervt
sympathique [sɛ̃patik]	sympathisch; nett
ce/cet/cette/ces [sə/sɛt/sɛt/se]	dieser/diese/dieses
provençal/provençale [pʀɔvɑ̃sal/pʀɔvɑ̃sal]	provenzalisch
vraiment [vʀɛmɑ̃]	wirklich
goûter [gute]	probieren; kosten
Bien sûr. [bjɛ̃syʀ]	Natürlich.; Na klar.
quel/quelle/quels/quelles [kɛl/kɛl/kɛl/kɛl]	welcher/welche/welches
placer [plase]	hinstellen; platzieren
un **plateau de fromage** [ɛ̃platodəfʀɔmaʒ]	eine Käseplatte
une **salade** [ynsalad]	ein Salat
la **carte des vins** [lakaʀtdevɛ̃]	die Weinkarte
un **menu végétarien** [ɛ̃mənyveʒetaʀijɛ̃]	ein vegetarisches Menü
régler [ʀegle]	regeln; klären

→

je r**è**gle, tu r**è**gles, il/elle/on r**è**gle, nous réglons, vous réglez, ils/elles r**è**glent	j'ai **réglé**

le **sel** [ləsɛl]	das Salz
être allergique (à) [ɛtʀalɛʀʒik]	allergisch sein (gegen)
prendre une décision [pʀɑ̃dʀyndesizjɔ̃]	eine Entscheidung treffen
professionnel/professionnelle [pʀɔfɛsjɔnɛl]	professionell
une **offre d'emploi** *(m.)* [ynɔfʀ(ə)dɑ̃plwa]	ein Stellenangebot
à l'appareil [alapaʀɛj]	am Telefon; am Apparat

lire [liʀ]	lesen
→ je **lis**, tu **lis**, il/elle/on **lit**, nous li**s**ons, vous li**s**ez, ils/elles li**s**ent	j'ai **lu**
une **annonce** [ynanõs]	eine Anzeige
le plus vite possible [ləplyvitpɔsibl]	so schnell wie möglich
un **étudiant**/une **étudiante** [ɛ̃netydjɑ̃/ynetydjɑ̃t]	ein Student/eine Studentin
un **job** *(fam.)* [ɛ̃dʒɔb]	ein Job *(ugs.)*
l'**expérience** *(f.)* [lɛkspeʀjɑ̃s]	die Erfahrung
trois fois par semaine	dreimal pro Woche
J'ai besoin de quelqu'un tous les jours.	Ich brauche jemanden für jeden Tag.
avoir besoin de [avwaʀbəswɛ̃də]	brauchen
de … à [də … a]	von … bis
flexible [flɛksibl]	flexibel
Quelle est la rémunération? [kɛlɛlaʀemyneʀasjõ]	Wie ist die Bezahlung?
douze euros de l'heure	zwölf Euro die Stunde
passer [pase]	vorbeikommen
un **détail** [ɛ̃detaj]	eine Einzelheit; ein Detail
un **scooter** [ɛ̃skutœʀ]	ein Roller; ein Motorroller
Il/Elle veut savoir si … [il/ɛlvøsavwaʀsi]	Er/Sie möchte wissen, ob …
la **personne qui est appelée**	die Person, die angerufen wird
une **personne** [ynpɛʀsɔn]	eine Person
qui [ki]	der/die/das
C'est moi-même. [sɛmwamɛm]	Ich bin es selbst.
Je vous appelle au sujet de …	Ich rufe Sie an wegen …
un **entretien** [ɛ̃nɑ̃tʀətjɛ̃]	ein Gespräch; ein Vorstellungsgespräch
Ça vous va? [savuva]	Passt es Ihnen?

un **entretien téléphonique** [ɛ̃nɑ̃tʀətjɛ̃telefɔnik]	ein Telefongespräch
écrire [ekʀiʀ]	schreiben

→

j'**écris**, tu **écris**, il/elle/on **écrit**, nous écri**vons**, vous écri**vez**, ils/elles écri**vent**	j'ai **écrit**

la **mode** [lamɔd]	die Mode

1 ***Qu'est-ce que c'est?* Finde die entsprechenden fränzösischen Begriffe. Notiere die Wörter mit *le*, *la* oder *l'*.**

a) .... b) .... c) ....

2 Welche Wörter verstecken sich hinter den Buchstabensalaten? Notiere die Wörter mit *un* oder *une*.

LOUTOB ....

EGESENTNERMIN ....

DRASESE ....

ROSPETCPUS ....

LINCET ....

3 Wer arbeitet wo? Verbinde den Beruf mit dem Arbeitsort.

un agent d'accueil/ une agente d'accueil	dans un restaurant
un guide/une guide	dans un théâtre
un cuisinier/une cuisinière	dans un office de tourisme
un technicien lumière/ une technicienne lumière	dans un musée
un serveur/une serveuse	dans une cuisine

4 Ergänze das Menü auf Französisch.

.... / Tagesmenü

.... / Vorspeise

.... / Tomatensalat

ou

.... / Melone mit Schinken

.... / Hauptgericht

.... / Fisch mit Ratatouille

ou

.... / Steak mit Ofenkartoffeln

.... / Nachspeise

.... / Käseplatte

ou

.... / eine Kugel Eis

5 Kreuze die richtigen Antworten an. Was sagst du?

a) Du bist Kellner/Kellnerin in einem Restaurant und nimmst die Bestellung auf.

□ Vous avez choisi, messieurs dames? □ Ça a été?

b) Ihr wollt gerade anfangen zu essen.

□ Bon appétit! □ Bien sûr.

c) Du findest, die Kellnerin macht ihre Arbeit gut.

□ Elle se débrouille bien. □ Elle s'excuse.

d) Du möchtest in einem Restaurant eine Reservierung vornehmen.

□ C'est noté. □ Je voudrais réserver une table.

e) Du möchtest wissen, wie viel Geld für eine Arbeit bezahlt wird.

□ J'ai besoin de quelqu'un tous les jours. □ Quelle est la rémunération?

f) Du nimmst das Telefon ab und der Anrufer möchte mit dir sprechen.

□ C'est moi-même. □ Ça vous va?

6 ***Ce, cet, cette* oder *ces*? Setze die richtige Form des Demonstrativpronomens ein.**

.... poisson

.... horaires d'ouverture

.... coup de téléphone

.... aides

.... plat du jour

.... solution

.... demi-heure

.... couples

.... carte des vins

.... menu végétarien

.... réclamation

.... serveuses

7 **Löse das Kreuzworträtsel.**

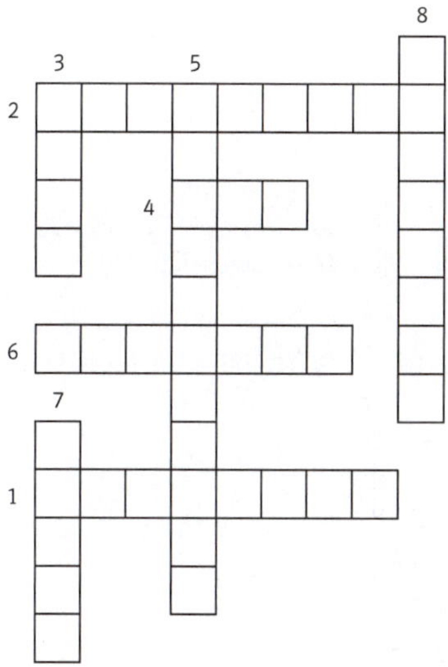

1. eine Rechnung
2. ein Trinkgeld
3. ein Gericht
4. das Salz
5. eine Reservierung
6. ein Gedeck
7. die Speisekarte
8. eine Terrasse

8 Wie heißen noch diese verflixten kleinen Wörter?

übrigens ....

ohne ....

wirklich ....

vollständig ....

gleichzeitig ....

nach und nach ....

9 *Quel, quelle, quels* oder *quelles?*

Quel …	… salades vous voulez?
	… est le plat du jour?
Quelle …	… activités est-ce que tu préfères?
	… plats sont végétariens?
	… est ton métier?
Quels …	… est votre adresse?
	… sont les horaires d'ouverture?
Quelles …	… est la rémunération?

10 Trage die französischen Verben in das Gitternetz ein.

a)											
b)		1									
c)											
d)											
e)		2									
f)			3								

a) umziehen: ....

b) hinzufügen: ....

c) beenden; aufhören mit: ....

d) durchgehen; vorbeikommen: ....

e) probieren; kosten: ....

f) abräumen: ....

Lösungswort:

1	2	3

11 Vervollständige die Tabelle. Achte auf die Angleichungen.

	Masculin		Féminin	
	sg	pl	sg	pl
voll	plein			
perfekt			parfaite	
genervt		énervés		

12 Was passt zusammen? Verbinde die Wörter.

une offre d'emploi	plein
un job	un boulot
écrire	une annonce
vide	un coup de téléphone
un entretien téléphonique	lire

5 Leçon

Tipp:
Lege beim Vokabellernen auch immer wieder Pausen ein.

Approche

à l'envers [alɑ̃vɛʀ]	auf dem Kopf
une **fleur** [ynflœʀ]	eine Blume
les **fruits** *(m.) (pl.)* [lefʀɥi]	das Obst
les **légumes** *(m.) (pl.)* [lelegym]	das Gemüse
les **produits laitiers** *(m.) (pl.)* [lepʀɔdɥiletje]	die Milchprodukte
les **fruits de mer** *(m.) (pl.)* [lefʀɥid(ə)mɛʀ]	die Meeresfrüchte
un **marché** [ɛ̃maʀʃe]	ein Markt
quelques *(pl.)* [kɛlk(ə)]	einige; wenige
un **chiffre** [ɛ̃ʃifʀ]	eine Ziffer; eine Zahl
la **marchandise** [lamaʀʃɑ̃diz]	die Ware
l'**export** *(m.)* [lɛkspɔʀ]	der Export
dans le reste de la France [dɑ̃ləʀɛstdəlafʀɑ̃s]	im übrigen Frankreich
la **région parisienne** [laʀeʒjɔ̃paʀizjɛn]	Paris und Umgebung
les **acheteurs** *(m.) (pl.)* [lezaʃtœʀ]	die Käufer
un pour cent [ɛ̃puʀsɑ̃]	ein Prozent
un/une **grossiste** [ɛ̃/yngʀosist]	ein Großhändler/eine Großhändlerin
divers/diverse [divɛʀ/divɛʀs]	verschieden
un **pavillon** [ɛ̃paviljɔ̃]	ein Pavillon; *hier:* eine Halle

Atelier

la **volaille** [lavɔlaij]	das Geflügel
minuit *(m.)* [minɥi]	Mitternacht
un **livreur**/une **livreuse** [ɛ̃livʀœʀ/ynlivʀøz]	ein Lieferant/eine Lieferantin
décharger [deʃaʀʒe]	entladen

un **camion** [ɛ̃kamjɔ̃]	ein Lastwagen
transporter [tʀɑ̃spɔʀte]	transportieren
tout le, toute la, tous les, toutes les [tulə/tutla/tule/tutle]	(der/die/das) ganz(e) …; alle
la **zone de vente** [lazondəvɑ̃t]	der Verkaufsbereich
un **carton** [ɛ̃kaʀtɔ̃]	ein Karton
un **employé**/une **employée** [ɛ̃nɑ̃plwaje/ynɑ̃plwaje]	ein Angestellter/ eine Angestellte
un **bureau**/des **bureaux** [ɛ̃byʀo/debyʀo]	ein Büro/Büros
Ils s'occupent des commandes Internet.	Sie kümmern sich um die Internetbestellungen.
négocier [negɔsje]	verhandeln
un **prix**/des **prix** [ɛ̃pʀi/depʀi]	ein Preis/Preise
charger [ʃaʀʒe]	einladen; beladen
une **camionnette** [ynkamjɔnɛt]	ein Lieferwagen
le **monde entier** [ləmɔ̃dɑ̃tje]	die ganze Welt
le **rôle** [ləʀol]	die Rolle
un **patron**/une **patronne** [ɛ̃patʀɔ̃/ynpatʀɔn]	ein Chef/eine Chefin; ein Arbeitgeber/ eine Arbeitgeberin
Il faut des preuves. [ilfodepʀœv]	Man braucht Beweise.; Beweise sind nötig.
une **preuve** [ynpʀœv]	ein Beweis
une **entreprise** [ynɑ̃tʀəpʀiz]	ein Betrieb; eine Firma; ein Unternehmen
ne … jamais [nə … ʒamɛ]	nie; niemals
au début [odeby]	am Anfang
étranger/étrangère [etʀɑ̃ʒe/etʀɑ̃ʒɛʀ]	ausländisch
la **dinde** [ladɛ̃d]	die Pute
le **foie gras** [ləfwagʀa]	die Gänseleberpastete
chaque [ʃak]	jeder/jede/jedes
il manque *qc* [ilmɑ̃k]	es fehlt etw.

un **voleur**/une **voleuse** [ɛ̃vɔlœʀ/ynvɔløz]	ein Dieb/eine Diebin
piquer *(fam.)* [pike]	klauen *(ugs.)*
les **stocks** *(m.) (pl.)* [lestɔk]	die Lagervorräte
une **halle** [yn'al]	eine Halle
C'est la règle. [sɛlarɛgl]	Das ist Vorschrift.
le **commerce** [ləkɔmɛʀs]	der Handel
respecter [ʀɛspɛkte]	respektieren; beachten
avoir confiance en [avwaʀkɔ̃fjɑ̃s]	Vertrauen haben in
vérifier [veʀifje]	überprüfen; kontrollieren
un **vol** [ɛ̃vɔl]	ein Diebstahl
soupçonner [supsɔne]	verdächtigen
Elle vient de s'acheter une voiture.	Sie hat sich gerade ein Auto gekauft.
Elle va bientôt se marier.	Sie wird bald heiraten.
faire son choix [fɛʀsɔ̃ʃwa]	seine Wahl treffen
remplir [ʀɑ̃pliʀ]	füllen; ausfüllen

→

je rempli**s**, tu rempli**s**, il/elle/on rempli**t**, nous rempli**ssons**, vous rempli**ssez**, ils/elles rempli**ssent**	j'ai **rempli**

un **chariot** [ɛ̃ʃaʀjo]	ein Wagen
important/importante [ɛ̃pɔʀtɑ̃/ɛ̃pɔʀtɑ̃t]	wichtig
faire les courses *(f.) (pl.)* [fɛʀlekuʀs]	einkaufen
faire visiter Rungis à des groupes	Gruppen durch Rungis führen
A tout à l'heure! [atutalœʀ]	Bis später!
la **qualité** [lakalite]	die Qualität
la **police** [lapɔlis]	die Polizei
une **dégustation** [yndegystasjɔ̃]	eine Verkostung
C'est délicieux! [sɛdelisjø]	Das ist köstlich!
Ça coûte combien? [sakutkɔ̃bjɛ̃]	Wie viel kostet das?

un **succès** [ɛ̃syksɛ]	ein Erfolg
le **transport** [lətʀɑ̃spɔʀ]	der Transport
Quelles personnes sont passées chez toi?	Welche Personen sind bei dir vorbeigekommen?
Il y avait beaucoup de monde. [ilijavɛbokud(ə)mɔ̃d]	Es waren viele Leute da.
plusieurs [plyzjœʀ]	mehrere
une **marque** [ynmaʀk]	eine Marke
faire une affaire/des affaires	ein Schnäppchen machen; günstig einkaufen
frais/fraîche [fʀɛ/fʀɛʃ]	frisch
un **homme** [ɛ̃nɔm]	ein Mann
un **endroit** [ɛ̃nɑ̃dʀwa]	ein Ort
entendre [ɑ̃tɑ̃dʀ]	hören

→ j'enten**ds**, tu enten**ds**, il/elle/on enten**d**, nous enten**dons**, vous enten**dez**, ils/elles enten**dent** | j'ai **entendu**

Il y a trop de bruit ici. [ilijatʀodəbʀɥiisi]	Hier ist es zu laut.
le **bruit** [ləbʀɥi]	der Lärm; das Geräusch
Je t'entends mal. [ʒetɑ̃tɑ̃mal]	Ich höre dich schlecht.
un **résumé** [ɛ̃ʀezyme]	eine Zusammenfassung
L'histoire se passe à …	Die Geschichte spielt in …
un **personnage principal**/ des **personnages principaux**	eine Hauptfigur/ Hauptfiguren
à la fin [alafɛ̃]	schließlich; am Ende

1 Notiere die Pluralformen der Wörter.

un bureau: des ....

un résumé: des ....

un prix: des ....

un employé: des ....

un succès: des ....

un personnage principal: des ....

un stock: les ....

2 Was gibt es alles in Rungis?

a) ....

b) ....

c) ....

d) ....

e) ....

f) ....

3 Notiere ein Wort aus derselben Wortfamilie.

une camion → une ....

un vol → un ....

charger → ....

le marché → la ....

le transport → ....

acheter → un ....

4 Übersetze diese Berufsbezeichnungen auf Französisch (männlich und weiblich).

ein Dieb / eine Diebin

.... ♂ /

.... ♀

ein Chef / eine Chefin

.... ♂ /

.... ♀

ein Angestellter / eine Angestellte

.... ♂ /

.... ♀

5 **Was fällt dir zum Thema *le commerce* ein? Denke auch an Verben.**

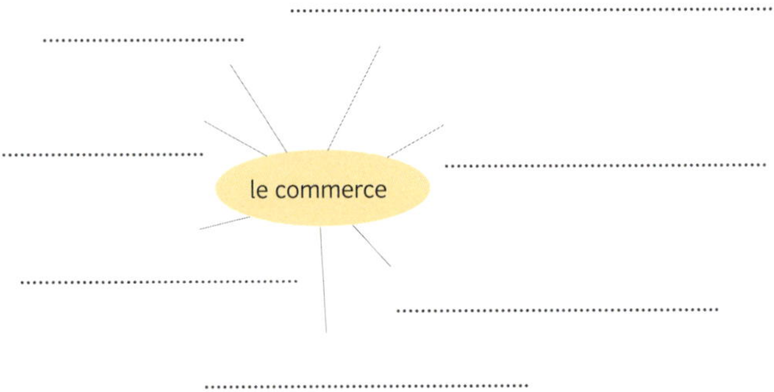

6 **Zu welchem Wortfeld passen diese Wörter? Kreuze an.**

	Orte	Personen
un grossiste	☐	☐
un pavillon	☐	☐
un livreur	☐	☐
un patron	☐	☐
une zone de vente	☐	☐
une halle	☐	☐
un voleur	☐	☐

7 **Übersetze folgende Sätze.**

Deutsch	Französisch
	C'est la règle.
	Il manque quelque chose.
Sie hat sich gerade ein Auto gekauft.	
Bis später!	
	C'est délicieux!
Wie viel kostet das?	
Es waren viele Leute da.	
	Je t'entends mal.

8 Ergänze den Text.

Aujourd'hui au .... , au pavillon de la .... , plusieurs .... 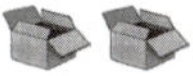 de marchandises manquent! Le ....  a aussi piqué un .... . Mais la ....  a des preuves et va bientôt trouver le voleur.

9 Ein Verhör. Ergänze die Sätze mit dem richtigen Verb.

vérifier – avoir confiance en – faire visiter – soupçonner – remplir – respecter

– Est-ce que vous .... en vos employés? Est-ce qu'ils vous ....?

– Oui. Je ne les .... pas.

– Vous .... tous les jours les stocks?

– Oui. Je .... aussi les cartons de foies gras et je .... Rungis à des groupes.

10 Kannst du diese Wörter trotz Spiegelschrift erkennen?

à l'envers ....

plusieurs ....

minuit ....

divers ....

étranger ....

important ....

11 Was passt zusammen?

au début	un employé
le bruit	la région parisienne
un pour cent	à la fin
un patron	entendre
le monde entier	un chiffre

12 Vervollständige mit der richtigen Form von *tout*

.... les stocks

.... la marchandise

.... les dégustations

.... le bruit

.... le bureau

.... les hommes

.... les marques

.... la halle

13 Notiere …

a) … 3 kurze Wörter.

....

b) … 3 lange Wörter.

....

c) Welche Wörter aus dieser Lektion findest du am schwierigsten?

....

....

....

....

LÖSUNGEN

Au-delà des frontières

1. une frontière - belge - une chanteuse - les vacances - un pays - un parcours - suisse
2. a) Le lac Léman se trouve en Suisse. b) Paris se trouve en France. c) Stromae vient de Belgique. d) La France, la Suisse, la Belgique (...) .

Leçon 1

1. a) le meilleur ami b) faire la fête c) la confiance d) un pote e) une soirée f) un réseau social
2.

Deutsch	Französisch
Was denkt ihr dazu?	Qu'est-ce que vous en pensez?
Ich habe nichts bemerkt.	Je n'ai rien remarqué.
Schau mal, wie...	Regarde comme...
Bis morgen!	A demain!
Hat's geklappt?	Ça a marché?
Was ist los?	Qu'est-ce qui ne va pas?
Du kannst mir vertrauen.	Tu peux me faire confiance.
Lass mich (in Ruhe)!	Laisse-moi!

3. des clubs - des réseaux sociaux - des soirées - des textos- des retards - des meilleurs amis

4.

T						D							
R	E	C	E	V	O	I	R						
O			F			S						G	
U			F			C						A	
V			A			U		C				R	
E			C			T		H				D	
R			E		R	E	M	A	R	Q	U	E	R
	D	I	R	E		R		N				R	
								G					
								E					
				C	O	M	P	R	E	N	D	R	E

a) discuter b) remarquer c) changer d) recevoir e) effacer f) garder g) comprendre h) trouver i) dire

5. a) C'est grave. b) Arrête! c) Ah bon? d) Qu'est-ce que ça veut dire? e) Excuse-moi. f) Pas question. g) C'est du harcèlement.

6. anonymes – courageux – lâche – Impossible – agressif – bons – clair

7.

a)	[1]P	O	E	M	E					
b)	R	E	T	A	[3]R	D				
c)	A	M	I	[4]T	I	E				
d)	[2]A	V	I	S						
e)	D	[5]I	S	C	U	S	S	I	O	N
f)	C	O	N	F	I	A	N	C	[6]E	

a) un poème b) un retard c) l'amitié d) un avis e) une discussion f) la confiance;
Lösungswort: PARTIE

8. un club, discuter, agressif/aggresive, en ce moment, anonyme, aucune idée, Il faut réagir, une discussion, ignorer, un tutu, une star, une partie

Leçon 2

1. un ours – une marmotte – un cochon d'Inde – un cheval – un vautour – un loup – un chat – un chien – une souris

2. a) la randonnée b) le loup c) le ski d) la cascade

3. le parapente – protéger – enlever – découvrir

4. accélérer – le départ – facile – près de – terminer – la nuit – gauche

5. a)

♀	♂
une pilote	un pilote
la première	le premier
une médecin	un médecin
une jeune	un jeune
une infirmière	un infirmier

b) 1. une infirmière / un infirmier; 2. la première / le premier

6. a) Qu'est-ce qu'il te faut? b) C'est trop bête comme accident. c) Comment ça s'est passé? d) Je n'ai pas de casque. e) Qu'est-ce qui ne va pas?

7. 1. le bras 2. l'épaule 3. la tête 4. la main 5. la jambe 6. le pied 7. le genou 8. le dos

8.

A	C	C	E	L	E	R	E	R
E	M	O	N	T	E	R	I	F
P	V	E	N	L	E	V	E	R
E	R	A	L	V	D	I	S	E
R	L	A	C	H	E	R	I	I
D	E	V	O	I	R	I	G	N
R	N	Z	A	Z	I	O	N	E
E	E	M	A	R	C	H	E	R
M	A	N	Q	U	E	R	R	S

verlieren: perdre – loslassen: lâcher – ausziehen; abnehmen: enlever – laufen; gehen: marcher – verpassen; versäumen: manquer – unterschreiben: signer – bremsen: freiner – beschleunigen: accélérer – müssen: devoir – steigen auf: monter (sur)

9.

	Masculin		Féminin	
	sg	pl	sg	pl
bereit	prêt	prêts	prête	prêtes
gebrochen	cassé	cassés	cassée	cassées
andere/anderer	autre	autres	autre	autres

10. plus (de) – plus vite – bêtement – par jour – quand – même – jusqu'à – avec eux

Leçon 3

1.

Matin	accueil des Allemands et des Français petit-déjeuner cours d'allemand
Après-midi	jeu de piste tournoi
Soir	soirée d'adieu

2. a) le retour! b) séjour c) le voyage d) blog e) lycée f) fiche g) la vie h) activité

3. ☹ – ☹ – ☺ – ☺ – ☺ – ☺

4.

Deutsch	Französisch
Wir verstehen uns gut.	On s'entend bien.
Das ist wunderschön.	C'est magnifique!
Jetzt traue ich mich zu sprechen.	Maintenant j'ose parler.
Ich komme zurecht.	Je me débrouille.
Vielleicht komme ich wieder.	Peut-être que je vais revenir.
Es ist zu schnell vergangen.	C'est passé trop vite.
Es ist aus.	C'est fini.

5. à l'étranger – la récré – un château – une bière – être jumelé – une équipe – drôle – une soirée – un échange – un séjour – la dernière – le lycée – peut-être – à côté – des céréales
6. quand: wenn – à partir de: von … an – à côté de: da neben; nebenan – plein de: viel/viele – en tout cas: jedenfalls; auf jeden Fall – presque: fast; beinahe – comme: wie – entre … et: zwischen … und …
7. le cacao – le bol – la confiture – le beurre – la baguette / le pain;
   la charcuterie, des céréales, prendre le petit-déjeuner, un oeuf

Leçon 4

1. a) le restaurant b) le théâtre c) le plan (de la ville)
2. un boulot – un renseignement – une adresse – un prospectus – un client
3. un agent d'accueil/une agente d'accueil: dans un office de tourisme – un guide/une guide: dans un musée – un cuisinier/une cuisinière: dans une cuisine – un technicien lumière/une technicienne lumière: dans un théâtre – un serveur/une serveuse: dans un restaurant
4.

Menu du jour / Tagesmenü
Entrée / Vorspeise
salade de tomates / Tomatensalat
ou
melon - jambon / Melone mit Schinken
Plat principal / Hauptgericht
poisson - ratatouille / Fisch mit Ratatouille
ou
steak - pommes de terre au four / Steak mit Ofenkartoffeln
Dessert / Nachspeise
plateau de fromage / Käseplatte
ou
boule de glace / eine Kugel Eis

5. a) Vous avez choisi, messieurs dames? b) Bon appétit! c) Elle se débrouille bien. d) Je voudrais réserver une table. e) Quelle est la rémunération? f) C'est moi-même.

6. ce poisson – ces horaires d'ouverture – ce coup de téléphone – ces aides – ce plat du jour – cette solution – cette demi-heure – ces couples – cette carte des vins – ce menu végétarien – cette réclamation – ces serveuses

7.

									8
	3			5					T
2	P	O	U	R	B	O	I	R	E
	L			E					R
	A		4	S	E	L			R
	T			E					A
				R					S
6	C	O	U	V	E	R	T		S
	7			A					E
	C			T					
1	A	D	D	I	T	I	O	N	
	R			O					
	T			N					
	E								

8. d'ailleurs – sans – vraiment – complètement – en même temps – peu à peu

9. Quel ...: ... est le plat du jour?, ... est ton métier?
Quelle ...: ... est votre adresse?, ... est la rémunération?
Quels ...: ... plats sont végétariens?, ... sont les horaires d'ouverture?
Quelles ...: ... salades vous voulez?, ... activités est-ce que tu préfères?

10.

a)	d	é	m	é	n	a	g	e	r		
b)	a	[1]j	o	u	t	e	r				
c)	f	i	n	i	r						
d)	p	a	s	s	e	r					
e)	g	[2]o	û	t	e	r					
f)	d	é	[3]b	a	r	r	a	s	s	e	r

a) déménager b) ajouter c) finir d) passer e) goûter
f) débarrasser; Lösungswort: JOB

11.

	Masculin		Féminin	
	sg	pl	sg	pl
voll	plein	pleins	pleine	pleines
perfekt	parfait	parfaits	parfaite	parfaites
genervt	énervé	énervés	énervée	énervées

12. une offre d'emploi: une annonce; un job: un boulot; écrire: lire; vide: plein; un entretien téléphonique: un coup de téléphone

Leçon 5

1. bureaux – résumés – prix – employés – succès – personnages principaux – stocks

2. a) des fleurs b) des fruits c) des légumes d) des produits laitiers e) des fruits de mer f) des volailles

3. camionnette – voleur – décharger – marchandise – transporter – acheteur

4. un voleur/une voleuse – un patron/une patronne – un employé/une employée

5. faire une affaire/des affaires – l'export – négocier – un grossiste – l'entreprise – les employés – le patron

6. Personen: un grossiste, un livreur, un patron, un voleur
Orte: un pavillon, une zone de vente, une halle

7.

Deutsch	Französisch
Das ist Vorschrift.	C'est la règle.
Es fehlt etwas.	Il manque quelque chose.
Sie hat sich gerade ein Auto gekauft.	Elle vient de s'acheter une voiture.
Bis später!	A toute à l'heure!
Das ist köstlich!	C'est délicieux!
Wie viel kostet das?	Ça coûte combien?
Es waren viele Leute da.	Il y avait beaucoup de monde.
Ich höre dich schlecht.	Je t'entends mal.

8. marché – volaille – cartons – voleur – chariot – police

9. avez confiance – respectent – soupçonne – vérifiez – remplis – fais visiter

10. à l'envers – plusieurs – minuit – divers – étranger – important

11. au début: à la fin – le bruit: entendre – un pour cent: un chiffre – un patron: un employé – le monde entier: la région parisienne

12. tous les stocks – toute la marchandise – toutes les dégustations – tout le bruit – tout le bureau – tous les hommes – toutes les marques – toute la halle

13. a) un prix, un rôle, un vol
b) la marchandise, important/importante, une dégustation